立花愛子
佐々木伸●著

びっくり！おもしろ砂遊び

チャイルド本社

すなのくに

はじめに
サラサラしたり固まったり、ドロドロしたり光ったり。砂や土は、水と出会うといろいろな姿に変身します。変身するたびに遊び方も楽しさも違ってきます。

ペットボトルの加工について
ペットボトルを切るときには、はさみを使いましょう。ボトルが丈夫で切りにくいときは、大人がカッターで切れ目を入れ、そこからはさみを入れて切るようにしましょう。必ず大人の人といっしょにやるようにしてください。

うまく
できるかな？

やった！

そうっと、
そうっと…
よしよし

びっくり！ 砂遊び
コロコロ砂だんご

落としても割れない、
硬い砂だんご作りに挑戦してみましょう。
どこまで硬くできるかな？

ぎゅっと
硬く
にぎるんだ

乾いた砂を
かけるんだよ！

いいでしょ！

できた！

いけ〜！

やった！

海賊船とコロコロ砂だんごの作り方

材料	道具
砂 水	バケツ スコップ こて へら プリンカップなど

●海賊船の土台の作り方

1. 大きなバケツなどに砂と水を入れて混ぜる。水は多めでよい。

2. 作る場所を決めて1をあける。土台にしたい高さ、大きさより少し大きくなるまで繰り返す。

3. しばらく置いておき、少し水が抜けてしっかりしてきたら、上面、側面を足で踏んで固める。

4. こてなどで面を整える。

●その他のパーツの作り方

1. バケツの半分くらいまで砂を入れ、しっとりする程度に水を入れる。

2. かきまわして、表面をならし、上から強く押して固める。

3. さらに砂を足し、1〜2を繰り返す。しっかり押しつけて、固める。

4. ひっくり返し、バケツの側面や底をトントンたたいて外す。

●砂だんごの作り方

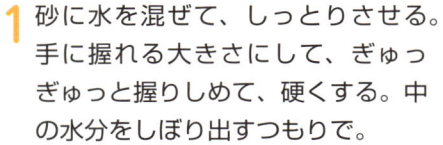

1 砂に水を混ぜて、しっとりさせる。手に握れる大きさにして、ぎゅっぎゅっと握りしめて、硬くする。中の水分をしぼり出すつもりで。

2 乾いた砂をかけて、またぎゅっぎゅっと握りしめる。握りながら形を丸く整える。

3 少しずつ乾いた砂をかけて、時間をかけて硬くしていくと、しっかりとした砂だんごができる。

砂の像を作る裏ワザバケツ

バケツの底をくりぬいて、筒状にしたバケツがあると、砂の城や像を作るのに大活躍します。置きたい場所に、バケツを逆さにしておき、多めの水を混ぜた砂を入れます。入れたらスコップや棒でざくざくかき混ぜ、水分を抜いて、表面を硬くならします。その上からまた砂を入れ、かき混ぜ、押して……、バケツ一杯になるまでやったら、バケツの側面を軽くスコップでたたきます。すると、簡単に中が抜け、きれいにバケツを外すことができます。

びっくり！ 砂遊び
砂のお弁当屋さん

総菜やお弁当のケースを型抜きに使ったら、
おいしそうなお弁当がたくさんできました。
葉っぱや木の実、花を使って、たくさん作ってみましょう。

葉っぱのチャーハン

葉っぱとクローバーの五目弁当

カフェオレプリン葉っぱのせ

赤つめくさの押し寿司弁当

どうぞ
めしあがれ！

15

うまく抜けるかな？

仕上げがだいじなんだ。

抜けた！

草の実と花の 色ごはん

オムライスのお花ぞえ

砂のお弁当屋さんの作り方

材料
砂
水
飾りに使う葉っぱや花

道具
プリンカップ
弁当の空き容器など

● お弁当の作り方

1 飾りたい葉っぱや花を、容器の底に並べる。

2 砂を少し湿らせておき、1の上から詰める。いっぱいに詰めて、上から押し固める。

3 ひっくり返して、できあがり。

押し型を作ろう！

茶筒のふたの内側に、ペットボトルの底を切り取ったものやフィルムケースのふたなどをつけて、使ってみましょう。押すときには茶筒の内ぶたを使うときれいにできます。

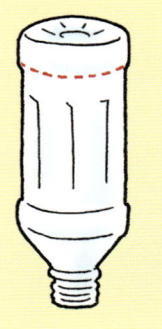

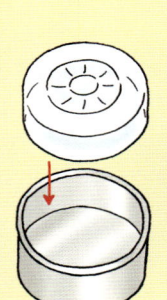

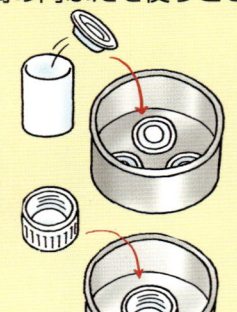

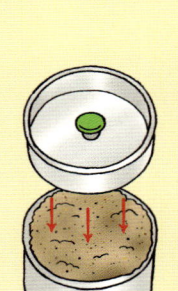

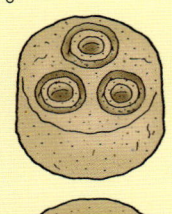

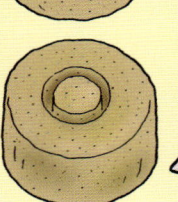

秘伝！　砂遊びツール❶
ざくざくスコップ大・中・小

ペットボトルの形や大きさのバリエーションをいかして、砂遊びの必須アイテム、スコップを作りました。

小さいのは
スプーンみたいに
使えるよ。

大きいので
こうやって押すと、
きれいになるよ。

ざくっと
すくって、
ざくっと
かけるの。

スコップ大
平面をいかして、こてとしても使える。

スコップ中
角をいかして、すくいやすくしてある。

スコップ小
円筒を斜めにカット。すくいやすく、細かい作業もできる。

砂が落ちて行く様子を見るのも、また楽しい。

秘伝！　砂遊びツール❷
ふたつきじょうごとらくちんバケツ

軽くて丈夫なペットボトルの性質をいかし、じょうごとバケツを作りました。
じょうごは、キャップをつければそのまま砂や水を運べるすぐれものです。

ふたつきじょうご
キャップはひもでつないでおくと便利。

らくちんバケツ
取っ手とボディが一体なので、とても丈夫。

角を使うと流しやすいよ！

ざくざくスコップの作り方

材料
ペットボトル
（2リットルの四角いもの、1リットルの正方形、小さくて丸みのあるもの）
ラップのしん
（普通のものと、細いもの1つずつ）
乳酸菌飲料の空き容器
ワインのコルク栓

道具
はさみ
ビニールテープ
カッター

●ざくざくスコップ（大）

1. 2リットルの四角いペットボトルを図のように切る。

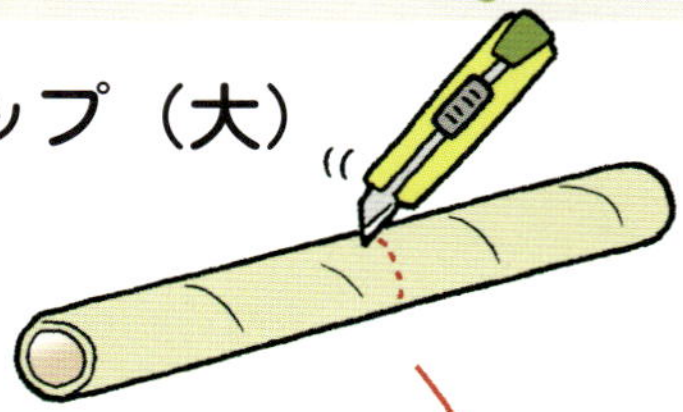

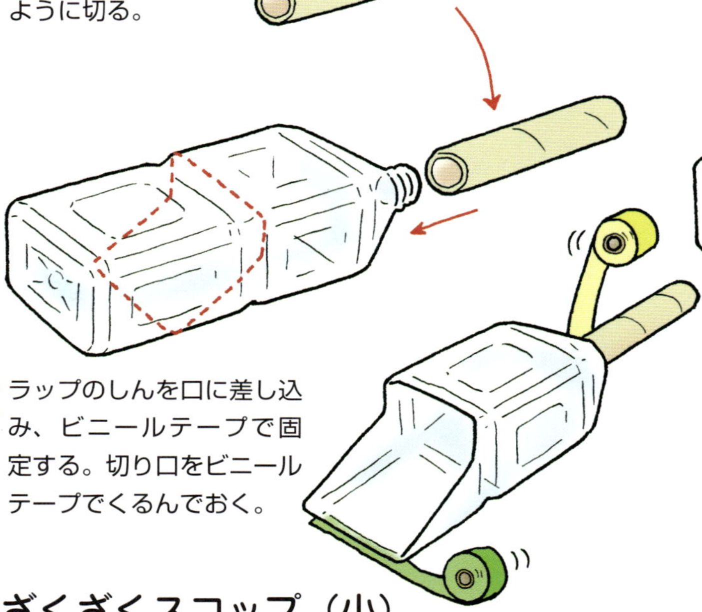

2. ラップのしんを口に差し込み、ビニールテープで固定する。切り口をビニールテープでくるんでおく。

●ざくざくスコップ（中）

1. 1リットルの正方形のペットボトルを図のように、角をいかした形に切り取る。

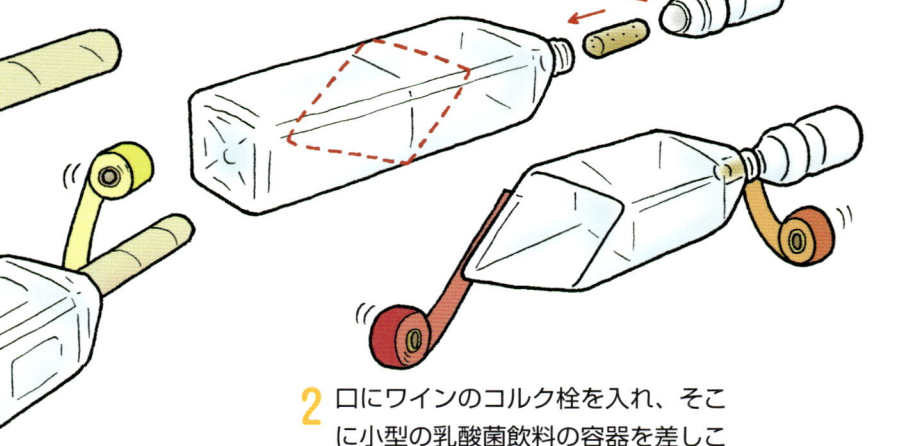

2. 口にワインのコルク栓を入れ、そこに小型の乳酸菌飲料の容器を差しこみ、ビニールテープで巻く。切り口をビニールテープでくるんでおく。

●ざくざくスコップ（小）

1. 小さくて丸みのある形のペットボトルを図のように切る。

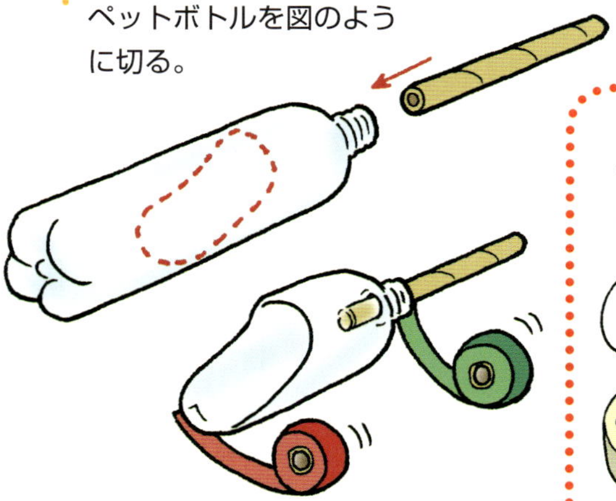

2. ラップのしんの細いものを口に差し込み、ビニールテープで固定する。

一言コメント

ペットボトルとしんの口が合わずにゆるいときは、ペットボトルの口になん回かビニールテープを巻きつけ、太くしましょう。

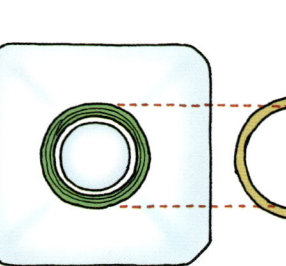

「ボクを巻いてみて」

バケツとじょうごの作り方

材料
ペットボトル
（2リットル、500ミリリットル）
たこ糸など

道具
はさみ
ビニールテープ
千枚通し

●バケツの作り方
持ち手がまっすぐなタイプ

2リットルのペットボトルを図のように切り取る。持ち手の部分を重ね、ビニールテープで留める。切り口をビニールテープでくるんでおく。

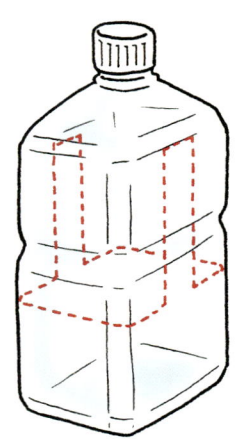

持ち手が斜めのタイプ

500ミリリットルのペットボトルを図のように切り取る。持ち手の部分を重ね、ビニールテープで留める。

●じょうごの作り方

2リットルのペットボトルを図のように切り取る。持ち手の部分を重ね、ビニールテープで留める。キャップに千枚通しなどで穴をあけ、たこ糸を通して結んで留める。もう一方の端をペットボトルの口に結んでつける。

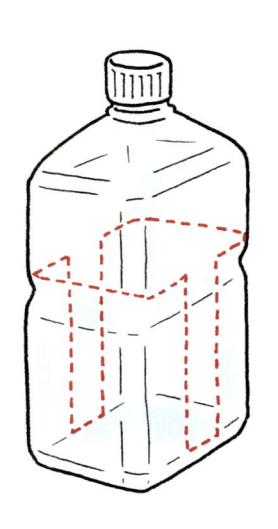

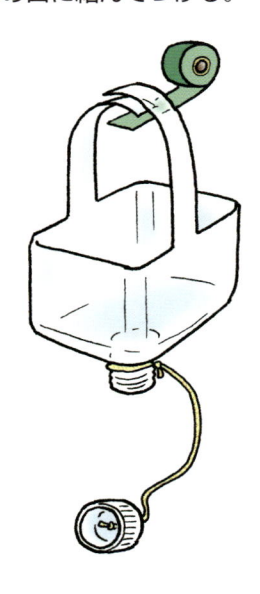

秘伝！　砂遊びツール❸
不思議なじょうろ と でかでかじょうろ

大気圧を利用したしかけで、コップやふたを外すと水が出て、かぶせるとピタリと出なくなります。

コップ2つで作る、不思議なじょうろ。

水はぜんぜん出ていません。

外すとほら！コップのじょうろに大変身！

24

でかでかじょうろは
ふたをしめて
おけば、水を
もらさずに運ぶ
ことができるよ。

ふたをあけると、
水がいきおいよく
出るよ。

秘伝！　砂遊びツール❹
ぺたぺたこて と くるくるローラー

子どもたちに人気の左官屋さんの仕事をまねるこてを、
牛乳パックで簡単に作りましょう。
地ならししたところにローラーで模様をつけるのが、
これまた楽しいのです。

牛乳パックで作った
ぺたぺたこて

こうやって押しつけて…

ゆっくり転がしていくと…

ペットボトルの
くるくるローラー

あとがついた！

27

不思議なじょうろとでかでかじょうろの作り方

材料
取っ手つきの2リットルのペットボトル
プラスチックのコップ
　大（275ミリリットル）
　小（215ミリリットル）
　1つずつ
ビニールテープ

道具
千枚通しかキリ
はさみ

●でかでかじょうろの作り方

底に千枚通しかキリで10個ほどの穴をあける。キャップに千枚通しなどで穴をあけ、たこ糸を通して結んで留める。もう一方の端をボトルの口に結びつける。
それからビニールテープで模様をつける。

一言コメント

小さいコップを下から重ねて、上の大きなコップに水を入れます。水はコップから出てきません。ところが、下の小さなコップを外すと、とたんにシャワーのように出てきます。2つのコップの間に閉じ込められた空気は、逃げ場がないので、内側のコップの水を下から押しています。コップを外すとその空気が開放されるので、水が出るのです。

●不思議なじょうろの作り方

1 大きなコップの底に千枚通しで穴を7～8個あける。ビニールテープを2枚はり合わせて持ち手とし、ビニールテープで上につける。

2 それぞれにビニールテープなどで模様をつける。

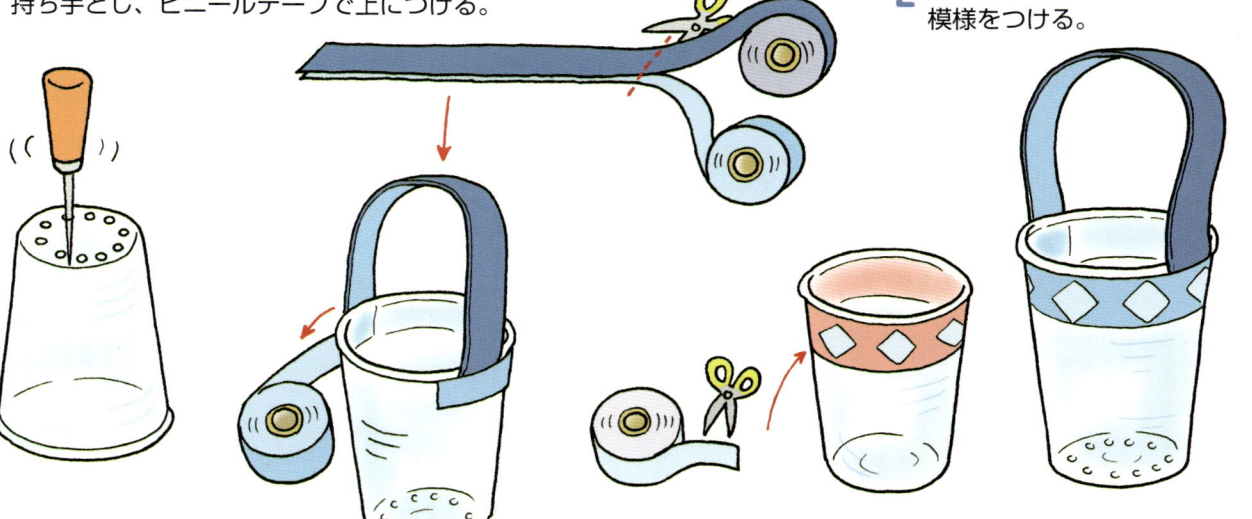

ぺたぺたこてとくるくるローラーの作り方

材料	道具
牛乳パック（1リットル） ペットボトル（500ミリリットルの円筒形のもの 2つ） 太いひも	はさみ 接着剤 ビニールテープ

●ぺたぺたこての作り方

1 1リットルの牛乳パックを図のように切り、側面だけを広げる。側面の端を、図のように切り落とす。

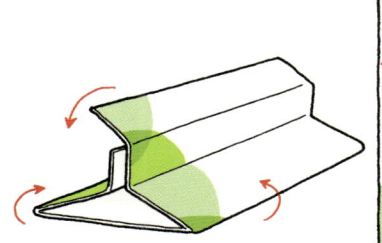

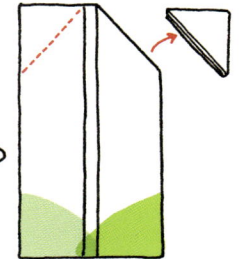

2 図のように折ってこての形にする。こての面の角を切り落として、図のような形にする。

3 こてのならす面の間に両面テープをはって上下をしっかり留め、持ち手、上下の端をくるむようにビニールテープをはる。

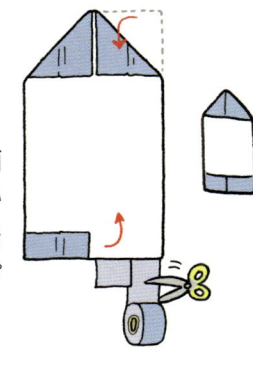

●くるくるローラーの作り方

1 ペットボトルの底をカッターで切り取る。2つを合わせて、ビニールテープを巻いてつなぐ。

2 太い綿ロープなどを、接着剤でボトルに固定する。波形にしたり、好きな形を工夫してつける。3面につけて、できあがり。

秘伝！　砂遊びツール❺
かき氷屋さん

じょうごを台にセットして、
ためた砂を下のカップで受ける「かき氷屋さん」。
水のシロップをかけたり、
白い砂をかけたり、いろいろ工夫がうまれそうです。

じょうご（21ページ）に、
セットする台を
つけただけの
「かき氷屋さん」。

かき氷、
一丁あがり！

31

ダンプカーの作り方

材料
スチロール箱
ペットボトル
（500ミリリットル4本）
ラップのしん
（22cm×30m巻きの太いしんと、
30cm×50m巻きの細いもの各2本）
綿ロープ
スチロール板を切ったもの
（荷台の支えに使う）

道具
クラフトテープ
ビニールテープ
両面テープ
カッター
丸シールなど
はさみ

●ダンプカー

1 500ミリリットルのペットボトルを図のように切って、ビニールテープで巻いてつなぐ。これを4つ作っておく。

2 細いラップのしんを太いラップのしんに通す。ボトルの口を細いラップのしんに差し込み、上からビニールテープを巻きつけて、ラップのしんと車輪を固定する。これで車輪ユニットが2つできる。

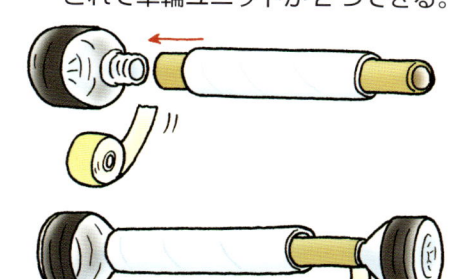

一言コメント

スチロール箱は、100円ショップなどで買うことができます。形や大きさはいろいろな種類がありますので、作りやすい大きさのものを使ってください。

3 スチロール箱を図のようにカッターなどで切り取る。切り取った部分を裏返しにして、図のようにクラフトテープで固定する。

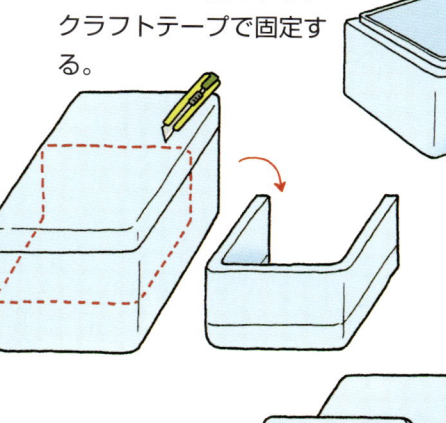

4 支えにするスチロール板を、荷台に合わせた大きさに切り、クラフトテープで荷台に図のように固定する。

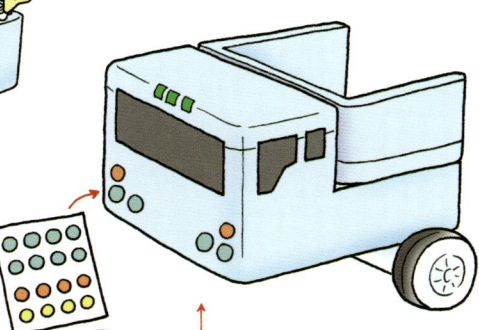

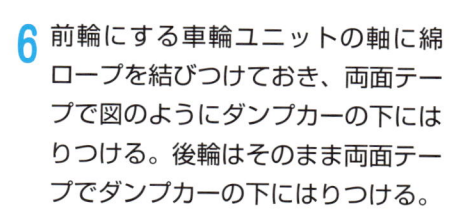

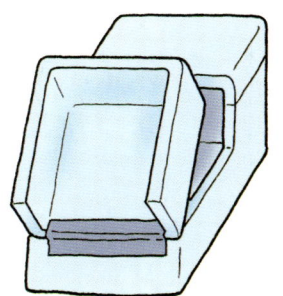

5 カラークラフトテープや丸シールなどで、かざりをつける。

6 前輪にする車輪ユニットの軸に綿ロープを結びつけておき、両面テープで図のようにダンプカーの下にはりつける。後輪はそのまま両面テープでダンプカーの下にはりつける。

ぐるぐるミキサー車の作り方

材料
スチロール箱
小さな乳酸菌飲料の容器
粉ミルクの缶など

道具
カッター
クラフトテープ
両面テープ
丸シール

●ぐるぐるミキサー車

1 スチロール箱を図のように切り取って荷台を作る。

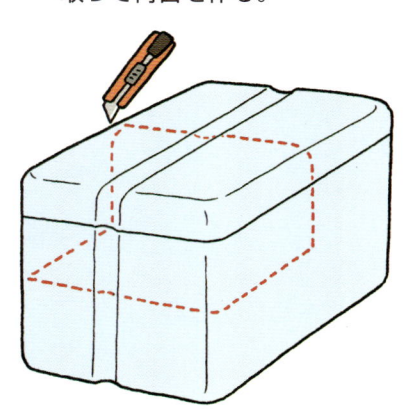

2 切り取った部分を裏返しにして上部を図のように切り取る。缶の大きさに合わせて、荷台の後ろを半円形に切り取る。

3 小さな乳酸菌飲料の容器を、それぞれを図のように荷台の側面に両面テープで固定する。

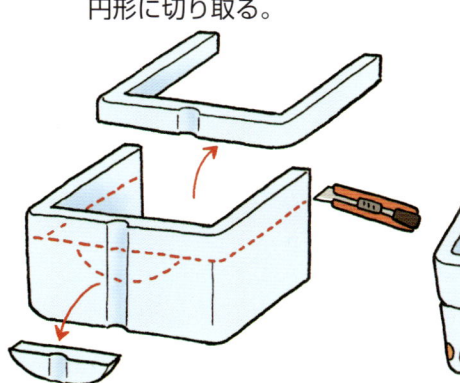

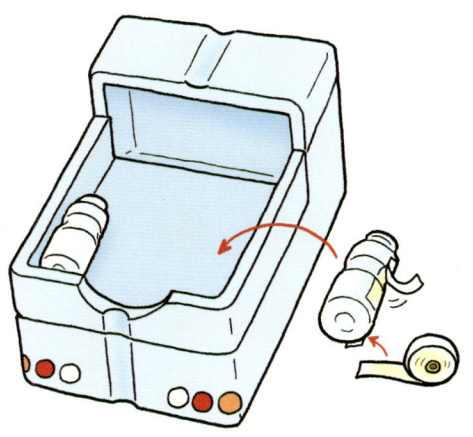

4 車体にカラークラフトテープや丸シールをはって飾りをつける。缶を荷台にのせ、手で回して遊ぶ。

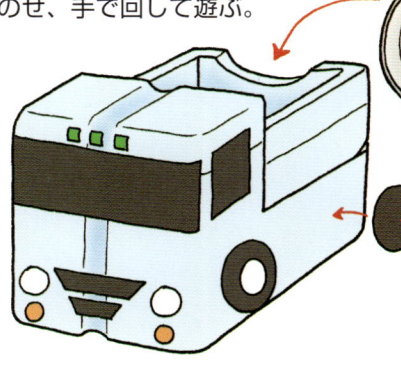

秘伝！　砂遊びツール❾
水鉄砲とパタパタ水車

砂場に欠かせないのが水遊びの道具です。
砂で遊んでいたはずなのに、
いつのまにやら水遊びになっていた……、
なんてこともしばしば。
定番の水遊びのおもちゃ、水鉄砲と水車です。

水鉄砲
スナックの缶とペットボトルで作る、水鉄砲

パタパタ水車
ペットボトルに切り込みを入れて開いただけの、超シンプルな水車

どっちが遠くまで飛ばせるかな？

水をザーっと片側の羽根に当てるのが、上手に回すコツ。

水鉄砲の作り方

材料
ポテトチップの缶
円筒形のペットボトル
（500ミリリットル）

道具
布粘着テープ
くぎ
かなづち

●水鉄砲

1 ポテトチップの缶を長さ15cmくらいに切る。底は金属製になっているので、中央にくぎをあて、かなづちで軽くたたいてあける。

2 ペットボトルの下の方に布粘着テープを巻きつけ、1の缶の内径に合うように調節する。ちょっときついくらいがよい。

3 遊び方は普通の水鉄砲と同じ。バケツなどに水を入れてペットボトルを引いて吸い込み、ペットボトルを押して水を出す。

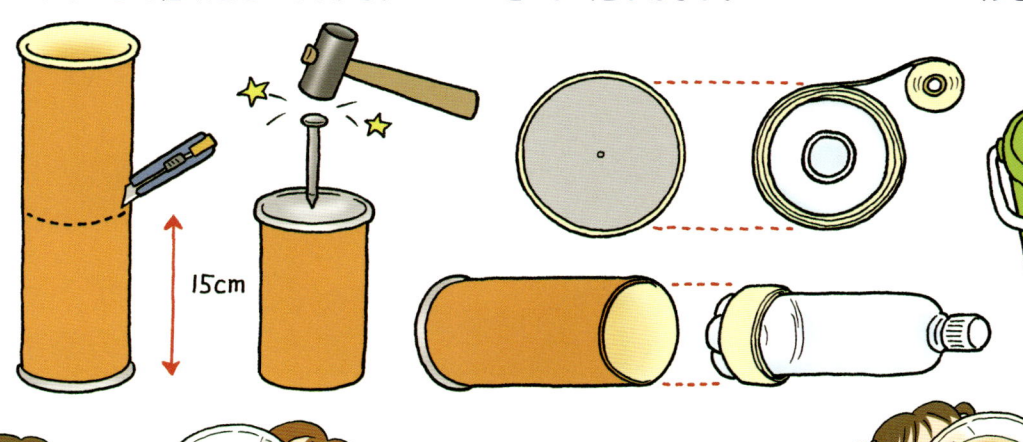

やってみよう！

透明のポリ袋をつかった楯（たて）を作ると、水鉄砲遊びがいっそう盛り上がります。

作り方

フープのふちに両面テープをまんべんなくはります。切ってシート状にしたポリ袋を、フープにぴんとはり、余分なところを切り落として、ふちにはりできあがり。

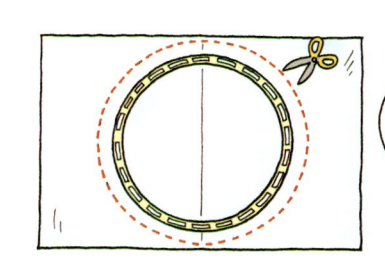

パタパタ水車の作り方

材料
ペットボトル3本
（500ミリリットル1本。6角形になっているものが作りやすい。2リットル2本）

道具
はさみ
ビニールテープ

●ボトルの水車

1 2リットルのペットボトルの上部側面を、図のように窓形に切り取ります。

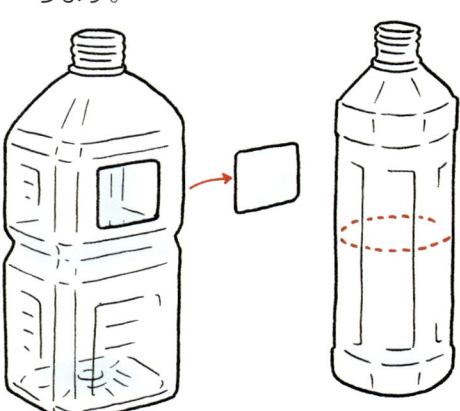

2 500ミリリットルのペットボトルの上半分を切り取る。側面を6等分し、そのうち3面に図のような切り込みを入れて外側に折り、水車の羽根にする。これを2本作る。

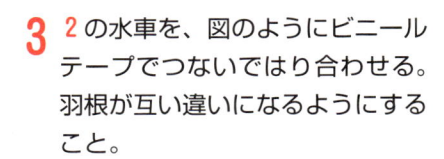

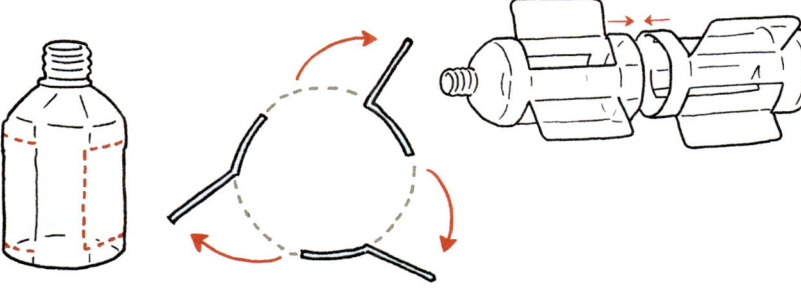

3 2の水車を、図のようにビニールテープでつないではり合わせる。羽根が互い違いになるようにすること。

4 2リットルのボトルの窓に図のようにひっかけ、回して遊ぶ。

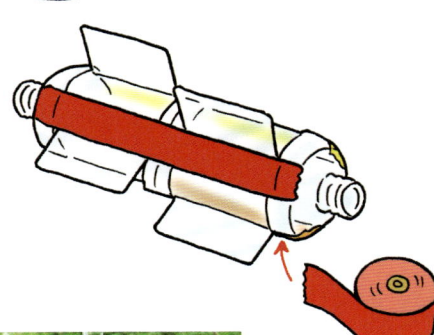

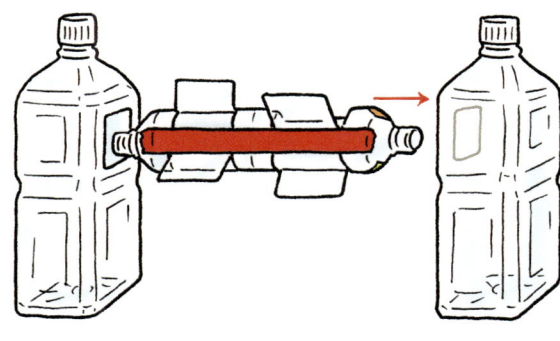

「砂車」としても遊べるよ！

秘伝！　砂遊びツール❿
水陸両用運搬船

水の上でも砂の上でも遊べる運搬船です。
砂の上では力持ちの貨物車として、
水の上では身軽な船として遊べます。

ペットボトルの運搬船
ペットボトルをくりぬいただけの、お手軽な船。

息を吹きかけても
動くほど、
軽いのが特徴。

どんどん積んで、
山まで運ぼう！

牛乳パックの運搬船
クラフトテープでつないだ、シンプルな作り方。カーブを曲がるのも得意。

水陸両用運搬船の作り方

材料	道具
ペットボトル（2リットル） 牛乳パック3個（1リットル） 綿ロープ	はさみ クラフトテープ ビニールテープ 千枚通し ホッチキス

●ペットボトルの運搬船の作り方

1 ペットボトルを図のように切り取り、切り口をビニールテープでくるむ。

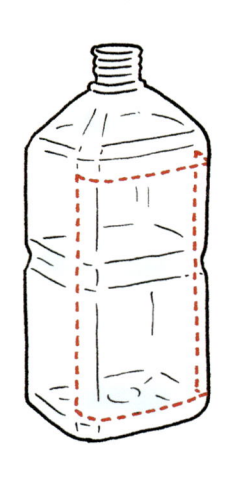

●牛乳パックの運搬船の作り方

1 牛乳パックを図のように切り取る。

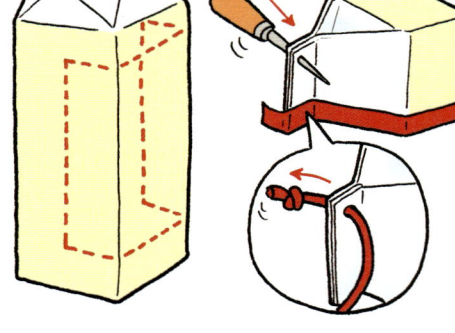

2 3つのうち1つには、注ぎ口に綿ロープを通して結んで留め、パックの口はホッチキスで留める。

3 残りの2つは注ぎ口を挟むようにしてクラフトテープをはり、連結する。

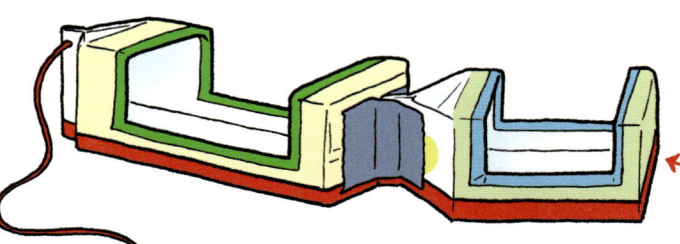

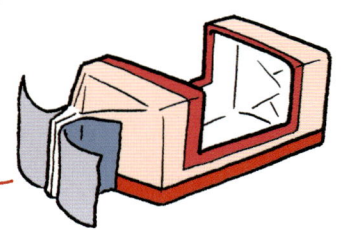

砂が固まるのはなぜ？

砂がくっついて固くなるのは、水がのりのような役目を果たすからです。冷たい飲み物を入れたコップをコースターの上にのせておくと、コースターとコップがくっついてしまうことがあります。これは、コップとコースターの間に水が入って、のりの役目をしたからです。水が多すぎても、少なすぎてもこの力は働きません。「ちょうど」の量を見つけることが、砂をしっかり固めるコツです。また、砂粒と砂粒のすきまが小さいほど、この水の力は強く働きますので、砂は細かい粒子で大きさがそろっているものの方が、がっしり固まります。

砂と土はどう違うの？

砂は岩石が小さくなってできた粒で、花崗岩や石英などの鉱物からできています。土は植物が枯れたものや生物のふんや死骸などが分解されたものに、岩石の粒などが混ざったものです。砂は水を加えると一時的に固まりますが、乾燥するとくずれます。土は水を加えると粘りが出て軟らかい固まりとなり、乾くとそのまま硬くなります。

ちょこっと どろ遊び
つるぴかだんごを作ろう

土でできているはずなのに、見かけはまるで鉄の球みたい。
見れば見るほど不思議なつるぴかだんごに、挑戦してみましょう。

仕上げる前の
どろだんごと、
完成した
どろだんご。

はじめの
形づくりが
終わった
ところ。

完成！

はじめの
コーティングが
終わった
ところ。

仕上げ
直前の
どろだんご。

つるぴかだんごの作り方

材料
砂混じりの土
水
仕上げ用の粉土

道具
バケツ
　どろを混ぜるもの
軟らかい布

1 砂混じりの土にたっぷり水を入れて、どろどろにする。それをすくって、ぎゅっとにぎる。中の水分をしぼり出すつもりで、強く握ること。握りながら、丸くしていく。

はじめに使うどろ。

固くしぼるように握ろう。

2 中が固まって、がっしりとした手応えになってきたら、第一段階終了。

第一段階が終わったどろだんご。

こんな感じだよ！

3 次に、1と同じ土で、乾いたものを用意する。手ですくってどろだんごの上からかける。だんごを傾けて土を落とし、残った土を手で柔らかくどろだんごにつける。

1のどろの、乾いたものを使う。

ざぱっとかけて、そっとはらう。

4 まんべんなくつけて、写真のような状態になってきたら、第2段階終了。

第2段階が終わったどろだんご。

上手にできてるでしょ！

5 洗面器などに、仕上げ用の粉土を入れる。手を広げてパンパンとたたいて、手のひらに薄く粉土をつける。粉土は、ごく細かい粒子の土ぼこりで、畑の近くの道路などに吹きだまっているようなものがよい。

このくらいの、吹けば飛ぶような土がよい。

まず手に薄くつける。

完成まであとひといき！

6 粉土のついた手でどろだんごの表面を柔らかくなでて、粉土でお化粧するようにつけていく。写真のようになったら、完成。

土が薄くついた手でどろだんごをなでなで…

完成！

7 軟らかい布などで表面をこすると、きれいな表面が出てくる。

いい感じ！

ちょこっと どろ遊び
ぴかぴかチョコレート

どろだんごがちょっと難しいなと思ったら、
こんなかわいいチョコレートに挑戦してみましょう。
ペットボトルのキャップで作るので、
小さな子でも楽しめます。

なんだか
本当に
おいしそう⁉

54

● ぴかぴかチョコレートの作り方

1 どろだんごと同じように、砂混じりの土に水を入れて混ぜ、キャップに詰める。上からぎゅうぎゅうと指で押し、固める。

2 乾いた土を上からかけ、傾けて余分な土を落とし、残った土をふわっとつける。これを繰り返す。

3 乾いてしっかりしてきたら、仕上げの粉土を手につけて、どろだんごと同じようにこすりつける。表面が滑らかになったら、できあがり。

びっくり！ さら砂遊び
さら砂でお絵描き

「さら砂」とは、ふるいにかけて同じ大きさの粒にそろえた、さらさらの砂のこと。さら砂を集めて、まずはお絵描きに挑戦してみましょう。

はじめに接着剤をつけておいて…

ふりかけみたいに、ぱらぱらっとかけるの！

見て！

さら砂でお絵描きの遊び方

材料
細かくふるった砂
小さめのペットボトル
厚めの画用紙
　画用紙をダンボールなど
　にはったものでもよい

道具
木工用の接着剤
カッター
千枚通し

●さら砂の作り方

1 砂をよく乾かす。乾いていると、ふるいにかけやすい。

2 砂をふるいにかける。ふるいに残った大粒のものは使わない。ふるいから落ちた粒子の整ったものを使う。

3 米をとぐ要領でよく洗い、新聞紙などにひろげて乾かしておく。

●お絵描きボトルの作り方

1 ペットボトルのキャップに、穴をあける。千枚通しなどで穴をあけたあと、ふちをカッターで切っておく（キャップの素材は軟らかく、千枚通しであけただけではふさがってきてしまうため）。細かい粒子の場合は直径2～3mmくらい、中くらいの粒子の場合は3～5mmくらいがよい。

2 穴の大きさは、砂の落ちる様子を見ながら、調節する。穴が小さいと、少しずつしか落ちないのでなかなか描けない。大きすぎると、大量に出過ぎて描きにくい。

一言コメント

砂をふるうとき、ふるいの目の細かさを2段階くらいにわけてふるい、大きめの砂粒とこ細かな砂粒と、2種類用意してみましょう。粒子の大きさによって仕上がりの風合いが異なり、絵に表情が出ます。

● さら砂でお絵描きの遊び方

1 やや厚めの画用紙に、フェルトペンで下絵を描く。

2 砂をつけたい部分に木工用の接着剤をつける。

3 お絵描きボトルを使って、砂をふりかける。しばらくしたら絵をたてて、余分な砂をはらって、できあがり。

下絵に合わせて接着剤を塗る。

お絵描きボトルから砂を落して、ふりかける。

軽く手で押さえる。

余分な砂を落とす。

できあがり！

びっくり！ さら砂遊び
外でもお絵描き！

さらさら砂のお絵描きは、外で楽しむこともできます。
お絵描きボトルを使って、
大きな絵を思い切り描いてみましょう。

ぐるぐる
うずまき、
な〜んだ !?

体を
描いて…

かたつむり、
できた！

砂は地球の粒

砂場の砂を、ルーペで見たことはありますか？　拡大してみると、砂の粒にもいろいろな形や色があるのがよくわかります。砂は岩が砕かれて石になり、それがさらに砕かれて粒になったものです。石英、玄武岩、チャートなど、かつては山や地盤の一部だった岩が、長い時間をかけて小さくなって砂になります。砂は地球の粒ともいえるのです。

ご近所の砂は、どんな砂？

砂は、その土地の岩が砕かれたものです。意識して見比べると、日本各地でさまざまな砂が見られることに気がつきます。黒っぽい砂の浜、白っぽい砂の浜、砂の色にも違いがありますが、それはその場所の岩盤をつくる岩の種類の違いです。ご近所の河原や浜辺の砂は、どんな色の砂ですか？

さら砂時計の作り方

材料	道具
よくふるった粒子の細かい砂 ペットボトル2本	ビニールテープ カッター 千枚通し

●さら砂時計

1 ペットボトルのふたに穴をあける。千枚通しなどで穴をあけたあと、ふちをカッターで切っておく（キャップの素材は軟らかく、千枚通しであけただけではふさがってきてしまう）。1つの穴は直径4〜5mm、もう一つの方は直径6〜7mmにする。同じ大きさだと、つなげるときに位置を合わせにくいので、大きさに差を出しておく。

2 どちらか1本のペットボトルに、3分の1〜2分の1くらいの量のさら砂を入れ、1のふたをつける。別の容器に逆さまにして立て、砂が落ちる時間を測る。およそのところで砂の量を決める（厳密である必要はまったくない）。

3 砂の量が決まったら、もう1本の空のボトルと図のようにつなげる。ビニールテープでしっかり巻いて、固定する。

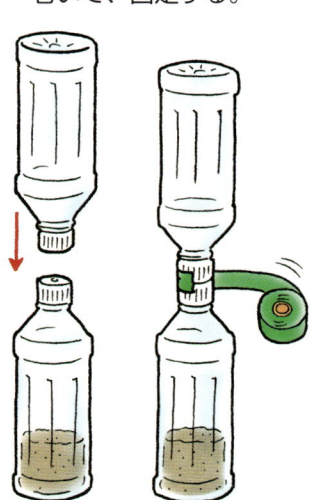

一言コメント

計れる時間はおおざっぱでもいいのです。45秒計や1分10秒計があってもいいし、それが楽しい！

むにゅむにゅ人形の作り方

材料
よくふるった粒子の
細かい砂
風船

道具
じょうご
フェルトペン（油性）

●むにゅむにゅ人形

1 風船の口にじょうごをさしこみ、よくふるった細かい粒子の砂を入れる。

2 風船の形いっぱいに砂が入ったら、口を結んで留める。

3 風船に目や鼻、口などをフェルトペン（油性）で描く。

一言コメント

砂を小麦粉に変えても、同じように遊ぶことができます。中身を小麦粉にすると少し軟らかく、独特の触感を味わうことができるので、こちらもおすすめです。

「石砂よりやわらかいね」

よく
のびる！

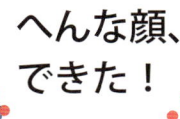

今度はねじ
りんぼう…

へんな顔、
できた！

びっくり！ さら砂遊び
砂からポン！

砂を入れた洗面器をゆすっていると、あるときポンっ！ と、砂の中からボールが飛び出します。まるで、砂がボールを生んだみたいに見えます。

● 砂からポン！ の遊び方

1. よくふるった粒子の細かい砂を用意する。
2. 洗面器や古いなべなどにスチロールのボールを入れ、その上から砂をかけ、容器の3分の1くらいまで砂を入れる。
3. 洗面器を軽くゆすり、細かい振動を与える。しばらくすると、埋めたスチロールのボールがポン！ と砂の中から飛び出す。

そっとゆすり始めると…？

おや、なにか見えてきた。

ポンっ！ と白いボールが飛び出した！

やってみよう！
ペットボトルでやってみよう！

同じ遊びが、ペットボトルでもできます。これは、地震による液状化現象*をわかりやすく子どもに説明するために、よく使われているものです。液状化現象が起きると、土中の水道管などが地表に飛び出すことがあります。ペットボトルの中で起こることは、これと同じ原理で起こります。

1 ペットボトルによくふるった粒子の細かい砂を入れる。量は全体の4分の1～3分の1くらい。さいころや小さな消しゴムなども入れ、ボトルの口まで水を入れ、空気が入らないようにふたをする。

2 ペットボトルを逆さまにして、すぐまた元にもどし、立てて置いておく。さいころや消しゴムが砂の中にうまり、完全に砂と水が落ち着くまで待つ。

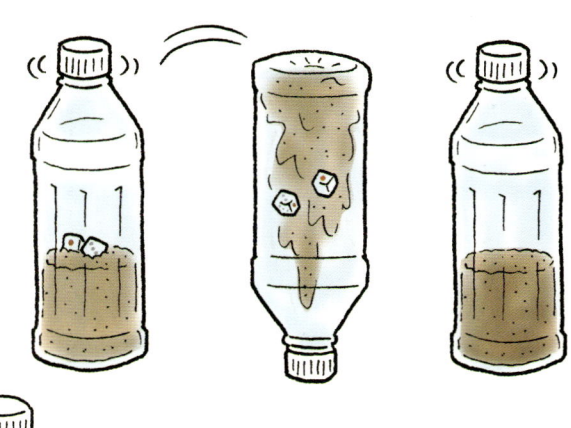

3 ボトルの側面を指でたたいて、振動を与える。すると、砂の中からさいころや消しゴムがポン！と飛び出す。

*液状化現象とは、水を含んだ地盤が地震などの震動によってゆるみ、液体のようになる現象のことです。

もじゃもじゃで遊ぼう！
砂の中のもじゃもじゃを探そう！

もじゃもじゃ砂は、真っ黒で、磁石で動かすともじゃもじゃの毛みたいに動く不思議な砂・砂鉄です。まずは砂の中から「もじゃもじゃ」を集めてみましょう。

磁石をポリ袋に入れて、砂の上で動かすと……

もじゃもじゃ、採れたよ！

葉っぱの上において、裏から磁石で動かすと、まるで毛虫みたいに見えるでしょう？

もじゃもじゃで遊ぼう！
もじゃもじゃ百面相＆迷路

百面相は顔の毛があちこちに移動するゆかいなおもちゃ。
磁石の動かし方で、毛が立ったり横向きになったり、表情も変わります。

もじゃもじゃがおしゃれなヘアになった！

おやおや、めがねになっちゃった！

なかなか立派なひげじゃろう？

丸裸のダチョウに、磁石で動かしてもじゃもじゃを集めてあげるゲームです。曲がりくねった道を通って、上手に集められるかな？

もじゃもじゃで遊ぼう！の遊び方

材料	道具
砂 封筒 箱 画用紙	磁石 ポリ袋 フェルトペン セロハンテープ

●砂鉄の集め方

1. 磁石をポリ袋に入れる。ある程度厚みがあって、しっかりしたものがよい。

2. 1の袋で砂の表面をなでる。砂の中に混ざっている砂鉄が、くっついてくる。

3. 別の袋か容器の上で、磁石をポリ袋から外す。すると、砂鉄が落ちる。

●もじゃもじゃ百面相の遊び方

1. 封筒に顔を描いておく。

2. 写真のように磁石を組み合わせて、紙にセロハンテープではりつける。

3. 中に2の紙を入れて、封筒の上に砂鉄をまく。

＊磁石の形やはりつける位置を変えて髪の毛やひげを作って遊べます。

● もじゃもじゃ迷路の遊び方

1 箱の大きさに合わせた画用紙に、フェルトペンで迷路を描く。

2 スタートの位置に砂鉄を少し置き、箱の裏から磁石をあてて、ゴールまで行く。

砂鉄って、なあに？

砂鉄というのは、磁鉄鉱という鉱石のかけらで、鉄の原料となるものです。鉄は、そのままで採取できるのではありません。磁鉄鉱を掘り出し、それを高熱で溶かすことによって鉄にして、利用しています。また、磁鉄鉱というのは、鉄と酸素が結びついたもので、かんたんに言うと「鉄さび」なのです。鉄がさびてできた黒さびは、砂鉄と同じものです。砂よりも少し重いために、川や海で水に流されていくうちに、自然と集まってきます。砂浜に黒い帯ができているような場所があれば、そこには砂鉄が多く含まれています。

磁石に砂鉄がくっついたら？

磁石に直接砂鉄がくっついてしまうと、とるのはなかなか大変です。手ではらったり、水洗いしても砂鉄はとれません。まず、粘着力の強いクラフトテープなどで、できるだけ取るしかありません。より強い磁石があれば、それをポリ袋にしっかりくるんで近づけ、強い方に砂鉄をくっつけましょう。

立花愛子

造形かがく遊び作家。NHK 教育テレビの主に理科番組の制作・造形にたずさわり、現在は主に幼児・保育者・親向けの出版物で、科学遊びを中心とした造形制作を行っている。保育者向けの講習会、ワークショップ、科学館の企画展示など、幅広く活躍。近著に「びっくり！ おもしろ紙遊び」（チャイルド本社）、「ポリぶくろであそぼう」（世界文化社）、「楽しい科学あそびシリーズ」（さ・え・ら書房）、「牛乳パック＆ペットボトル Kids 工作」（いかだ社）など。

佐々木伸

造形工作作家、イラストレーター。児童向け実用書の作品制作、学習参考書の理科イラスト、科学館の展示の企画・制作などを手がける。近著に「びっくり！おもしろ紙遊び」（チャイルド本社）、「おもしろ工作ベスト 20」（主婦と生活社）、「科学じかけの貯金箱　自由研究 BOOK」（いかだ社）など。

2006 年より、編集者と造形作家で構成される「築地制作所」というユニットを作り、佐々木、立花ともにメンバーとして活動を展開。造形やかがく遊びを通して、子どもの自由な遊びを考え、提案するため、書籍、テレビ、講習会などで幅広く活動中。

企画・制作●立花愛子　佐々木伸

イラスト●横井智美

撮　　影●大村昌之

モ デ ル●青木穂香　島崎弥生　杉浦諒祐（セントラルファッション）
　　　　　人見秋彦　井上大地

表紙・本文デザイン●坂田良子

編　　集●石山哲郎　鶴見達也

編集協力●清水洋美

びっくり！おもしろ砂遊び

2009 年 4 月　初版第 1 刷発行

著　者●立花愛子・佐々木伸

　　　　ⓒ Aiko Tachibana, Shin Sasaki　2009

発行人●浅香俊二

発行所●株式会社チャイルド本社

　　　〒112-8512　東京都文京区小石川 5-24-21

電　話● 03-3813-2141（営業）　03-3813-9445（編集）

振　替● 00100-4-38410

印刷所●共同印刷株式会社

製本所●一色製本株式会社

ISBN ● 978-4-8054-0142-2　NDC376　26 × 21cm　80P

乱丁・落丁はお取り替えいたします。
本書の内容の一部あるいは全部を無断で複写することは、法律で認められた場合を除き、著作権者および出版社の権利の侵害となりますので、その場合は予め小社あて許諾を求めてください。
チャイルド本社ホームページアドレス　http://www.childbook.co.jp/
チャイルドブックや保育図書の情報が盛りだくさん。どうぞご利用ください。